VIE DE MERLIN
de Thionville
par B. RHEIMS

Travail présenté à la Loge ALSACE-LORRAINE
LE 12 OCTOBRE 1876

V∴ M∴ et T∴ C∴ F∴,

Le récit de la vie de Merlin de Thionville est plus qu'une simple biographie, c'est un tableau raccourci des phases les plus importantes de la Révolution française. La part considérable que Merlin a prise dans ce grand drame, son initiative hardie dans les conseils et son audace dans l'action, tout son dévouement et cette âme de la Révolution incarnée dans la sienne empêchent de le séparer même en idée du rôle avec lequel il s'est identifié. Détacher cette fière figure de son cadre superbe, ce serait la briser. Force nous sera donc, en racontant la vie de Merlin, de parler brièvement des principaux évènements de cette époque auxquels il a été si grandement mêlé. Nous le ferons avec toute la discrétion que réclame ce sujet dans un tel lieu, et sans rien abdiquer de notre indépendance de jugement, nous n'aurons garde d'oublier l'assemblée qui nous écoute et la constitution qui nous régit. Aussi bien, malgré ses difficultés, le devoir seul nous a inspiré le choix de ce sujet et c'est lui seul qui nous soutiendra dans l'accomplissement de notre tâche. Fils reconnaissant de la Révolution française, nous avons voulu glorifier notre mère dans un de ses plus nobles défenseurs. Enfant de la Lorraine, élevé dans la ville natale de Merlin, nous avons voulu l'honorer dans la mémoire d'un de ses plus illustres représentants et lui apporter avec ce suprême hommage notre tribut de consolation. Si nous nous sommes trompé, que ce sentiment de piété filiale nous serve d'excuse.

Merlin est né à Thionville, en 1762, dans cette ville qu'ont habitée les premiers rois francs et que sa position géographique a soumise à bien des vicissitudes, tour à tour française, germaine, puis rendue à la France par les armes victorieuses de Condé et perdue de nouveau comme Metz par la plus infâme trahison, sans que jamais aucune de ces épreuves n'ait pu altérer en rien sa constance et sa foi patriotique. Le père de Merlin exerça les fonctions de procureur et mourut président du district, entouré de la considération publique. Aîné de trois frères qui tous trois devinrent généraux, Christophe, notre héros, fut d'abord destiné aux ordres. Etrange carrière pour une nature de cette trempe et que Merlin fut forcé de subir, non sans protester, jusqu'à la fin de ses études ! Il les acheva au séminaire des Lazaristes de Metz et reçut le diplôme de maître-ès-arts (sorte de baccalauréat) à l'Université de Nancy. Puis un beau matin, pour échapper à l'exécution des projets paternels, il se sauve sans mot dire à Paris, redoutant moins les menaces de la misère que l'horreur d'un joug odieux. Il y donne pour vivre des leçons de latin dans un pensionnat militaire et partage son temps entre l'étude et l'enseignement. C'est par ce commerce assidu de l'antiquité et des grands écrivains de l'époque qu'il aiguise ses forces et se prépare en secret aux luttes de l'avenir. Mais un jour ayant risqué quelques propos hardis contre la cour, il fut sur le point de payer de sa liberté la témérité de sa langue, et comme la Bastille ne lui souriait guère, il aima mieux retourner dans ses foyers où la colère paternelle avait eu le temps de se calmer. Il y fut bien accueilli, étudia le droit et s'étant fait inscrire au barreau de Metz, plaida avec un tel succès que bientôt il vit croître sa réputation et sa clientèle. Son père, qui, nous l'avons dit, était procureur, lui créa de nombreuses relations d'affaires avec les châteaux et les abbayes et il en résulta pour notre jeune avocat une connaissance approfondie de la situation nobiliaire et cléricale à cette époque. C'était comme un arsenal nouveau où il devait puiser un jour des armes puissantes contre l'ancien régime. En touchant pour ainsi dire du doigt les plaies de la vieille société française, il en conçut une haine d'autant plus forte et une passion de réformes d'autant plus ardente qu'elles étaient plus éclairées à la lumière des faits et comme plus exactes et précises.

De là dans Merlin un singulier mélange de convictions à la fois vives et réfléchies, de fougue emportée et de froide logique, un je ne sais quoi d'impétueux dans la forme, mais de parfaitement juste et sensé au fond, la vérité et le droit servant de guide et de flambeau au plus pur et au plus ardent patriotisme. Ajoutez-y une âme sensible, humaine, chevaleresque, à qui tout abus de la force fait horreur comme une lâcheté déshonorante, une âme grande et noble, véritablement démocratique. Tout s'accordait en lui, l'honnêteté privée et les vertus publiques, et aux qualités du citoyen il savait joindre le dévouement du père de famille et la tendresse conjugale la plus délicate. Sa femme, qui perdit la vue après deux ans de mariage, devint pour lui l'objet d'un attachement inaltérable. Le respect du malheur avait en quelque sorte sanctifié son amour et fait de son foyer un asile inviolable. Là, après une journée de lutte, harassé de fatigue et tout couvert encore de la poussière de la bataille, il venait se reposer le soir au sein de sa famille et refaire ses forces pour le contrat du lendemain. Car la pau re femme n'avait pas voulu le quitter et quand il fut nommé député à l'Assemblé législative, elle l'avait suivi courageusement avec ses enfants au plus fort de la mêlée révolutionnaire.

Cependant Merlin n'arrive pas du premier coup à ce poste d'honneur. Dès la réunion de la première assemblée des notables, il se signale par son ardeur de propagande et le courage avec lequel il s'attaque à la toute-puissance des abus. Nommé successivement officier de la garde bourgeoise et premier officier municipal, il est envoyé à Paris avec mission de réclamer des fusils pour l'armement de la garde nationale de Thionville. Il entre en rapport avec les notabilités politiques et surtout avec Lafayette, dont le caractère chevaleresque fait une vive impression sur son esprit. « La parole de ces hommes et le spectacle de la grande rénovation de la France l'enflamment d'enthousiasme et l'affermissent dans la noble résolution de se dévouer lui aussi à la régénération de la patrie. Dès ce moment sa destinée est fixée, il aidera au triomphe de la liberté ou il mourra. Dilemne inexorable qui s'impose alors au choix de l'homme d'état. Dans les temps ordinaires, la mission du législateur est grave et son influence considérable. Ses décisions règlent le présent, préparent et souvent enchaînent l'avenir d'une façon irrévocable. Mais quel n'est pas son rôle aux époques de crise et de transformation sociale, au milieu des convulsions d'un monde qui surgit et d'un autre qui s'écroule ! Ce n'est plus seulement sa conscience, mais sa liberté et sa vie, mais sa mémoire qui est l'enjeu de ce duel terrible d'où dépend le sort de la patrie et de l'humanité. Il est tout entier à sa mission, apôtre et martyr de la foi nouvelle.

C'est ainsi que Merlin comprend son mandat et qu'il le remplit. Au premier appel de la France en péril, il accourt et ne cesse de lui faire un rempart de son corps contre les attaques de ses ennemis conjurés. Un double danger menaçait alors le pays : d'un côté la noblesse et la cour coalisées avec l'étranger pour restaurer leur puissance sur les ruines mêmes de la nation, de l'autre les prêtres réfractaires qui ourdissaient un vaste complot et préparait la guerre civile dans tout l'ouest de la France. Cette conspiration empruntait aux circonstances et à la situation de ses auteurs un degré de gravité exceptionnel. Au moment même où l'Autriche et la Prusse entraient en campagne contre nous, des hommes revêtus d'un caractère sacré et d'une autorité d'autant plus grande qu'elle se présentait aux yeux des populations ignorantes sous les couleurs de la religion persécutée, abusaient de leur saint ministère pour tromper des âmes naïves, les affoler de haine et de terreur et les armer contre le pays. Les artisans de ces machinations infernales ne pouvaient trouver grâce devant le législateur, ni consommer à loisir la perte de la France. Aussi dès avril 92, Merlin jette le cri d'alarme. Ils sont vos plus cruels ennemis, dit-il à l'Assemblée en parlant des prêtres réfractaires; si vous ne vous mettez en mesure, ils finiront par précipiter la Constitution dans le gouffre. Il propose en même temps d'expulser de France tout prêtre non assermenté qui sur le témoignage de vingt citoyens de son canton sera reconnu coupable de conspirer contre le salut de l'Etat. Mais cette mesure, dont l'application immédiate aurait prévenu bien des malheurs, ne fut adoptée que quelques mois après, trop tard pour empêcher la guerre civile d'éclater. Singularité remarquable, le même homme qui avait si bien deviné le mal, fut chargé de le combattre et déploya autant de sagesse pour le réprimer dans sa force qu'il avait montré d'énergie prévoyante pour l'étouffer dans son germe.

Merlin, si impitoyable pour les fauteurs de désordre, manifesta surtout contre l'ennemi extérieur et ses complices du dedans toute la vigueur de son âme patriotique. Jamais il ne fut plus admirable d'audace et de dévouement, jamais son rôle ne fut plus marqué ni plus décisif, jamais sa gloire plus pure que lorsque déchirant tous les voiles et mettant courageusement à nu les trahisons de la noblesse et de la cour, il précipita la crise qui devait sauver le pays en le délivrant d'une royauté criminelle. Ah! c'est qu'avec la France il défend ce coin de terre qui fut son berceau, cette Lorraine qui l'a vu naître et lui a confié le soin de son salut. Pauvre chère Alsace-Lorraine, si tu avais toujours eu un Merlin pour te protéger!...... Et ces deux foyers d'amour, la famille et la patrie, ces deux sources de grandeur échauffaient son âme et l'exaltaient jusqu'à l'héroïsme. Aussi avec quelle activité, avec quelle ardeur passionnée il veille sur ce seuil doublement sacré de la patrie et de la famille! Comme il fait bonne garde autour de cette limite inviolable qui renferme ses plus chers souvenirs et toutes les affections de son cœur! Grâce à ses amis de Thionville, nul pas, nul mouvement de l'émigration ne lui échappe; il observe, il épie, il saisit tout. Correspondance interceptée, bâtiment chargé d'équipements militaires et convoi d'armes pris à la frontière, il accumule toutes les preuves de trahison, les produit à la tribune et devant la coupable incurie du gouvernement, décide l'Assemblée à défendre seule le salut de l'Etat. Sur sa proposition, un comité de surveillance est créé, origine et source du célèbre comité du salut public. Merlin en fait naturellement partie et s'y montre un des membres les plus zélés et les plus actifs.

Mais il ne suffisait pas d'avoir armé la frontière d'une garde plus sûre, il fallait atteindre les traîtres eux-mêmes et paralyser autant que possible leurs moyens d'action. Laisser la disposition de leurs biens à des hommes qui ne s'en servaient que pour la ruine du pays, n'était-ce pas le comble de la déraison ? Et puisque le fait de l'émigration rendait leurs personnes inviolables, n'était-il pas juste et sage que la saisie de leur fortune, châtiment et entrave de leur trahison, compensât un peu tout le mal qu'ils déchaînaient sur la France ? Toutefois l'Assemblée indécise s'arrêtant d'abord à des mesures dérisoires, condamna les émigrés au triple de la contribution ordinaire. Merlin combattit ce moyen inefficace qu'il voulait remplacer par la confiscation de leurs biens, et trois mois après sa proposition fut votée contre tout émigré qui ne serait pas rentré à une époque déterminée. Ce décret, ajouté au principe du partage égal des héritages, portait un coup mortel à la puissance des nobles et inaugurait définitivement en France le règne de l'égalité et de la démocratie. C'était le corollaire et la consécration matérielle de la nuit du 4 Août, c'était la Révolution française implantée sur le terrain difficile, mais solide de l'économie sociale. Aussi la royauté refusa de sanctionner ce décret, qui lui signifiait pour ainsi dire sa propre déchéance. Car une monarchie sans classes privilégiées est comme un édifice sans base, qui tombe au premier souffle. Cette construction hybride, populaire en bas et monarchique au sommet, cet assemblage bizarre et dangereux de principes hostiles et de droits irréconciliables, ce monstrueux accouplement, legs de la Constituante, œuvre d'esprits généreux, mais naïfs et chercheurs de conciliations impossibles, cette organisation incroyable qui mettait le loup dans la bergerie et lui confiait la garde du troupeau, avait de quoi révolter le bon sens de Merlin et alarmer son patriotisme. Il fut donc un des premiers sur les bancs de la Convention à comprendre la nécessité d'abolir la royauté et de donner à la démocratie son gouvernement propre et tutélaire. Il fut un des initiateurs de ce grand mouvement politique, qui trop souvent dénaturé par la fraude ou brisé par la force, vient enfin après plus de quatre-vingts ans de péripéties et de luttes, d'aboutir pour le salut de la France à la constitution de la République. C'est que Merlin haïssait dans la vieille monarchie non seulement l'incarnation du despotisme, mais la complice de l'étranger, l'ennemie née de la liberté, que ses trahisons rendaient indigne de gouverner l'Etat. En cherchant à la détruire, il sauvait du même coup et la Révolution et la patrie.

Dans ce but il commence à divulguer les menées de la cour et ses intrigues extérieures, qui se masquent derrière le fameux comité autrichien. Grand émoi dans le public. Le pouvoir alarmé fait arrêter Merlin qui a osé dévoiler ses coupables machinations. L'indignation redouble devant ce défi jeté à l'opinion et on est forcé de rendre à la liberté le courageux représentant. Merlin traduit aussitôt à la barre de l'Assemblée le juge de paix qui l'a fit emprisonner. Il veut moins venger l'injure faite dans sa personne à la souveraineté nationale que dénoncer du haut de la tribune, à la France et à l'Europe, les trames perfides et les menaces de la couronne. Dès lors tous les voiles sont déchirés, tous les compromis rompus. C'est le peuple même qui par la voix de Merlin se dresse contre la royauté et lui signifie que l'ayant trahi, elle ne mérite plus de le gouverner. C'est le peuple qui la déclare déchue et l'on peut dire que depuis ce jour, grâce à l'audace d'un seul homme, inspiré et soutenu par le sentiment de toute une nation, la monarchie française a cessé d'exister. Duel sublime où cet homme, au risque de mille morts, lutte pour sauver son pays contre un monde entier et le terrasse! Gloire comparable aux fastes les plus éclatants de l'histoire et qui suffirait elle seule à immortaliser le nom de notre héros! » Merlin comprend que le temps presse et qu'un instant de retard peut tout compromettre. La guerre entre le peuple et la royauté est déclarée, guerre implacable où il faut que l'un des deux combattants disparaisse. L'armée royale est prête à marcher sur Paris et à étouffer dans le sang de ses défenseurs la voix indignée de la nation. Comme l'Assemblée hésite, Merlin devant ce danger mortel court aux Jacobins, pousse à l'insurrection et le 10 Août éclate.

Il ne nous appartient pas de raconter en détail cette mémorable journée, qui marque réellement la fin de l'ancienne monarchie. Disons seulement que notre héros, si hardi dans les conseils, ne fut pas moins brave dans l'action et que marchant à la tête du peuple, armé de deux pistolets, il prit la part la plus vigoureuse à l'attaque des Tuileries. Rien n'égale son audace pendant la bataille, si ce n'est sa clémence après la victoire. Quand son ennemi est à terre, le lion, loin de s'acharner sur sa proie, l'épargne et la protége. Ainsi Merlin sauve le duc de Choiseul, en le faisant asseoir à ses côtés sur un banc de la Convention, et des officiers suisses, en les cachant dans les appartements du Comité. Mais fait autrement remarquable, il sauve Louis XVI lui-même qui s'était réfugié au sein de l'Assemblée. Car au moment ou un fédéré marseillais se précipite sur le monarque pour venger la mort de ses deux frères tués à la prise des Tuileries, Merlin se jette au devant du prince et le couvre de sa personne, voulant témoigner par là qu'il combattait *non les hommes, mais le système*, et qu'il ne laisserait pas déshonorer par un lâche assassinat la noble cause de la Révolution.

Pendant le procès de Louis XVI, Merlin se trouve à l'armée de Mayence, mais présent il l'aurait condamné à mort. Ses lettres ne permettent aucun doute sur ce point. Ici commence la seconde période de sa vie, militaire en apparence, mais empreinte au fond du même caractère patriotique, car elle est vouée à la défense des mêmes intérêts et des mêmes droits. Cet esprit toujours identique, ce constant amour de la liberté et de la patrie, ce souffle généreux qui ne se dément jamais, fait l'admirable unité de cette noble existence. Dès que la France est envahie, son âme grandit avec le péril, et loin de vouloir traiter avec l'ennemi sur le territoire, comme quelques-uns le proposent, il demande que la Révolution déclare la guerre aux rois et la paix aux peuples. Il dirait volontiers avec ce vieux Romain de la République : Que Pyrrhus sorte d'abord de l'Italie et nous verrons ensuite si nous devons traiter ensemble. Un de ses collègues, effrayé de sa hardiesse, lui ayant crié : « Avez-vous donc fait un pacte avec la victoire? — Nous en avons fait un avec la mort » répond Merlin. Parole sublime, qui caractérise et l'homme et l'époque. On combattit donc, et vous le savez, T∴ C∴ F∴, on combattit superbement, comme jamais on n'a combattu depuis. Une armée tirée hier de la charrue, manquant de pain et de souliers et vouée d'avance à un désastre certain, mais électrisée par son ardent patriotisme, fit des prodiges et sauva la France. Au milieu de ces circonstances critiques, Merlin fut envoyé en qualité de commissaire dans les départements de Seine-et-Marne, Oise, Aisne et Somme, et partout sa parole enflammée, excitant l'enthousiasme, entraîna les populations et enfanta des miracles de dévouement civique. »

Après l'expulsion de l'étranger, quand Mayence est tombée en nos mains, il reçoit la mission de défendre cette place. Du premier coup il saisit tous les avantages qu'elle offre pour la sûreté de nos frontières et en vue d'une guerre offensive. Aussi pour la conserver à la France, il veut qu'au lieu de disséminer leurs forces, les armées de Dumouriez, Beurnonville et Custine se réunissent à Mayence, en fassent le boulevard de la République et de ce centre assuré d'opérations portent hardiment la guerre en Prusse. Mais ses conseils ne sont pas écoutés, et nos troupes, loin de s'unir pour une action commune, restent isolées, abandonnant la place à ses seules ressources, qui ne sauraient suffire à un long siège. Les Prussiens au contraire mieux avisés concentrèrent toutes leurs forces autour d'une ville, dont la conquête intéressait l'existence même de leur pays. Aussi l'issue de la lutte ne pouvait être douteuse. « En vain Merlin uni à Kléber, qu'il connut pour la première fois dans ce siége, déploya une activité et un courage extraordinaires. En vain il se prodigua jour et nuit, dans les conseils, sur les remparts où il pointait le canon en simple artilleur, dans les sorties, où à la tête d'un corps d'élite, dit des Francs, il étonnait par sa bravoure l'ennemi lui-même, qui le surnommait diable de feu (Feuer-Teufel).

La ville, mal pourvue de vivres et de munitions, ne put longtemps résister à une force supérieure et à une artillerie écrasante. Bientôt elle vit ses batteries ensanglantées et démontées, ses maisons démolies ou incendiées et la plupart de ses défenseurs tués. Les vivres et les médicaments même manquèrent, et quand le dernier fort, dit de Merlin, qui défendait les approches de la place, fut tombé après une résistance acharnée entre les mains des Prussiens, il fallut songer à se rendre. On succombait, mais avec honneur. Car on ne connaissait pas encore ces capitulations inouïes, opprobre éternel de l'histoire, et qui ont sacrifié depuis à d'abominables ambitions des armées entières, des citadelles inexpugnables et le salut du pays. Non, dans ce temps on combattait à outrance et la nécessité seule faisait tomber les armes de ces mains invincibles. C'est que chaque régime a sa nature particulière et pour ainsi dire ses produits spéciaux. *L'empire fait les valets et les traîtres, la République les hommes libres et les citoyens.*

Cependant tant de bravoure et de dévouement furent méconnus, on osa soupçonner Merlin et arrêter Kléber ! On les accusa *d'avoir vendu Mayence !* Aussitôt Merlin accourt à Paris et tout couvert de poussière, noir de la fumée des batailles, en habit de canonnier et le sabre au côté, il paraît à la Convention. Sa vue seule désarme les esprits. A peine a-t-il prononcé quelques mots de cet accent de l'honnêteté outragée, que l'enthousiasme s'allume, les applaudissements éclatent et les bravos étouffent sa voix. On le porte en triomphe. Le décret sur l'armée de Mayence est aboli et on déclare *qu'elle a bien mérité de la patrie.* Quant à Kléber, il est rendu à la liberté et les généraux qui n'ont pas secouru la ville assiégée, Custine et Beauharnais, sont livrés au supplice. Aujourd'hui on témoigne aux traîtres une rigueur moins farouche ; on les enferme, il est vrai, mais *on les laisse échapper.*

Après Mayence, la Vendée offrit bientôt à Merlin une nouvelle occasion de manifester son courage et son patriotisme. La guerre civile ravageait alors ce pays et menaçait d'embraser tout l'ouest de la France. Des bandes de paysans, fanatisés par leurs prêtres, se soulevaient au nom de leur Dieu opprimé, prenaient une bourgade et après l'avoir pillée, disparaissaient pour reparaître aussitôt sur un autre point qu'elles pillaient encore. Guerre de broussailles et de ravins, guerre d'embuscades où l'ennemi partout présent et toujours invisible attaquait sans cesse, sans pouvoir jamais être atteint. Déjà ces bandes avaient pris Angers et menaçaient Nantes. Le péril s'aggravait. On envoya les troupes de Mayence avec Merlin et Kléber au secours des deux armées qui opéraient l'une à Nantes et l'autre à Saumur. Mais l'unité de plan et d'action manqua. Des intrigues inspirées par une basse jalousie firent avorter la première campagne et compromirent le succès de la seconde. Dans ces pénibles circonstances Merlin se conduisit avec sa valeur habituelle. C'est ainsi qu'à la tête de 3000 hommes, avec son ami Kléber, il mit en déroute complète 30000 insurgés. Mais grâce aux divisions qui troublaient les conseils de l'armée, ce brillant exploit et d'autres semblables ne produisirent aucun effet décisif. Les Vendéens furent, il est vrai, chassés de la Vendée, et déracinée du sol qui l'aurait vivifiée, l'insurrection dut nécessairement périr. Si on avait suivi alors le plan de Merlin et de Kléber, on aurait pu par une poursuite énergique envelopper les chouans expulsés de Chollet, les réduire à merci ou les noyer dans la Loire. Le soulèvement était étouffé et la France préservée de nouveaux malheurs. Mais l'avis contraire prévalut ; après avoir repassé le fleuve, les rebelles purent à loisir ravager l'Anjou, la Bretagne et la Normandie et grâce aux secours reçus d'Angleterre, y entretenir pendant quelque temps encore le feu de la guerre civile.

Ainsi Merlin était non moins habile qu'intrépide et possédait à un haut degré une rare intuition des choses militaires. Il fut en même temps un polititique plein d'humanité et de justice, car le premier il indiqua la seule issue possible à toute cette lutte, la seule qui permit plus tard à Hoche de terminer cette horrible guerre. Comprenant combien les mesures de rigueur étaient à la fois injustes et impolitiques, puisque, sans atteindre les vrais coupables, elles frappaient de malheureux égarés, dont la ruine et le deuil devaient perpétuer les haines, il voulut encourager les actes de soumission par des promesses de pardon et civiliser la Vendée pour mieux la pacifier. Peupler ce pays par des colonies d'autres départements, y développer les voies de communication et de commerce, y répandre l'instruction avec l'aisance, et l'amour de la Révolution par une plus juste appréciation de ses bienfaits, tels furent les projets de Merlin, projets pleins de grandeur et de sagesse. Mais le parti de la violence l'emporta. N'écoutant que la voix des Fayau et des Carrier, la Convention se montra impitoyable et les douze colonnes de Turreau, dites colonnes infernales, promenèrent partout en Vendée le fer et le feu. Plus tard, après le 9 thermidor, on dut revenir aux idées généreuses et saines de Merlin. Pour lui, calomnié et accusé de complicité avec les rebelles, il fut rappelé de l'armée par un décret de la Convention. Mais il ne put se décider aussitôt à la quitter, car il y sentait sa présence nécessaire aux vrais intérêts de la République. Ce fut seulement sur un nouvel ordre et une menace d'arrestation qu'il se résigna enfin à abandonner le camp, mais en secret, de nuit et sans le moindre adieu aux troupes, que le regret de son départ aurait pu jeter dans le trouble et la révolte. Ainsi à cette grande époque, l'obéissance même aux lois injustes revêtait un admirable caractère de civisme.

Merlin rapportait de la vie des camps une connaissance approfondie de notre système militaire, de ses imperfections ainsi que des moyens les plus propres à y remédier. Aussi dès son retour à la Convention, avec cette activité ardente qui était le fond de sa nature, il s'occupa promptement de corriger les vices de cette organisation et d'y introduire les réformes que son expérience lui avait indiquées comme nécessaires. Deux fléaux minaient alors nos troupes et les exposaient aux plus graves périls, l'ignorance et le relâchement des mœurs. Persuadé qu'une armée n'est forte

que par une discipline sévère et par l'instruction, Merlin fit rendre deux décrets à la Convention, l'un qui frappait toute débau-
che de peines rigoureuses et l'autre qui établissait dans les camps
l'instruction obligatoire, en interdisant tout grade, même celui
de caporal, à un soldat illettré. Mais la réforme militaire la plus
importante due à l'initiative de Merlin fut d'avoir constitué chez
nous l'artillerie légère. Malgré l'exemple de Frédéric II, à qui
cette innovation avait rendu de si grands services pendant la guerre de sept ans, notre ancienne artillerie de position et de régi-
ment était toujours desservie par des hommes à pied. Mirabeau,
l'ami et l'admirateur passionné du roi de Prusse, avait, il
est vrai, fait adopter par la Constituante le système des canon-
niers à cheval, mais quoi! deux compagnies seulement! Plus
tard l'assemblée législative en établit neuf, mais distribuées et
disséminées dans toute l'armée, sans lien, ni rapport entre elles,
sans un dépôt de recrutement qui leur permît de se refaire et
de durer. Aussi elles s'épuisaient et tendaient à disparaître, quand
Merlin proposa au Comité de la guerre la création de neuf ré-
giments d'artillerie légère constitués en un corps spécial. Le discours qu'il fit sur ce sujet à la Convention est considéré encore
aujourd'hui comme un monument de science militaire et d'organisation. Son projet de décret fut adopté et ainsi se trouva
établie en France l'arme la plus redoutable des temps modernes,
la raison dernière des guerres, comme le disait Frédéric, celle
qui devait contribuer un jour si puissamment aux victoires de Bonaparte.

A entendre ces détails, T∴ C∴ F∴, il semble que Merlin ait
abandonné la carrière politique pour s'occuper désormais de ques-
tions purement techniques, et que fatigué de la lutte, il ait laissé à
d'autres le soin de la continuer, voulant goûter un repos si bien
mérité par tant de labeurs et de périls. Mais notre héros n'était
pas homme à se retirer sous la tente en pleine mêlée et à com-
templer les fureurs d'une bataille, d'où dépendait le sort de la
patrie, au milieu des douceurs d'une lâche sécurité. Ces déplo-
rables exemples, réservés à d'autres temps, devaient un jour
marquer certain régime d'un cachet particulier d'ignominie.
Non, le grand cœur de Merlin courait volontiers au-devant des
grandes responsabilités et partout où la justice était méconnue
et le droit violé, son âme généreuse éclatait en paroles vengeresses.
Danton est-il accusé dans son patriotisme et Chabot dans son
honneur ? Il vole à la tribune pour les justifier, et afin de les
sauver, s'expose à la mort. La Convention veut-elle au mépris
de ses propres droits et de sa dignité livrer sans jugement ni
défense un de ses membres au tribunal révolutionnaire ? Aussitôt il proteste contre cet acte de faiblesse et d'injustice et défend
l'équité outragée dans un représentant du peuple, au risque
d'encourir lui-même les colères du redoutable tribunal. »

Tous ces excès des factions en délire, tous ces crimes commis au nom de la liberté lui faisaient horreur et il disait tristement : « l'effet des utopies se dissipe, mais le sang versé contre le droit « fait une tache qui ne s'efface jamais. » Aussi quoiqu'il fût re-cherché par tous les partis, il n'accepta les avances d'aucun, car aucun ne satisfaisait son idéal de justice et de liberté. Il resta isolé, mais plus ferme que jamais sur le terrain des prin-cipes. Le trait suivant servira mieux que toutes les paroles à caractériser son attitude pendant la Terreur. Lors de la fête de l'Etre suprême, comme il entendait une vieille femme qui criait à ses côtés : *Vive Robespierre*, crie donc : *Vive la République*, lui dit-il en la rabrouant. Tout Merlin est dans ce mot, qui lui aurait coûté cher, car il n'avait pas échappé à Robespierre, si le 9 thermidor n'était venu à temps pour le sauver et délivrer la France. Ce jour le trouva au premier rang des défenseurs de la Convention contre la Commune insurgée. Pendant qu'il excitait le peuple à veiller sur ses représentants, il faillit être tué par Hanriot et ses gendarmes. Pris et jeté dans un poste, il le souleva par ses véhémentes paroles; fit à son tour Hanriot prisonnier et s'empara des derniers émeutiers.

Avec ce tact et cette sûreté de coup d'œil qui s'alliaient si heu-reusement à une singulière audace, Merlin comprit que la chute de Robespierre était une occasion unique pour frapper les Jacobins et rétablir la Convention dans l'intégrité de ses droits. Cette société, qui avait été dans le principe un admirable engin de guerre contre la royauté, était devenue aux mains des factions une cause incessante de troubles et d'anarchie. Grâce à ses 44000 affiliations, qui enlaçaient tout le territoire, elle disposait à son gré des masses populaires, tenait les autorités en échec et faisait la loi même à l'Assemblée. Merlin aurait voulu briser cette dua-lité funeste de pouvoir, en fermant définitivement après le 9 thermidor le club des Jacobins. Mais la Convention n'osa le suivre de peur de s'aliéner le peuple et recula devant un acte si nécessaire pourtant au relèvement de son autorité. Elle de-vait l'accomplir deux mois après, le 25 Vendémiaire, mais trop tard pour que sa puissance ébranlée pût en être raffermie. Les excès de la faction jacobine l'avaient rendue intolérable et son audace était devenue telle qu'elle parut jusqu'au sein de l'Assem-blée pour lui intimer ses volontés. Merlin qui était alors pré-sident, reçut comme elles le méritaient tant de prétentions in-solentes et sa courageuse résistance déconcerta si bien le parti que se sentant perdu, il résolut d'en finir violemment avec la Convention et de restaurer par la force son pouvoir abattu. L'assassinat de Tallien, l'un des chefs de la révolution thermido-rienne, fut le gant jeté à l'Assemblée et le signal de la guerre. Cependant la Convention hésitait encore à le relever, quand tout-à-coup elle apprit qu'une vaste conspiration, qui avait pour

but de la renverser, venait d'être découverte à Marseille. Il n'é-
tait plus possible de reculer et la nécessité de son salut lui commandait la prompte suppression de la société rebelle. Après un
chaleureux discours de Merlin, un projet de décret qui abolit
toute fédération, fut adopté et le club des Jacobins disparut. Mais
ces tergiversations avaient donné au parti royaliste le temps de
ranimer ses forces. Il releva la tête et se montra d'autant plus
hardi que le peuple venait de perdre son centre d'action et toute
sa puissance d'impulsion, de sorte que la mesure de la Convention, pour s'être fait trop attendre, était devenue inutile et dan-
gereuse. N'ayant pas su agir à temps avec vigueur, ni affirmer
son autorité par un coup d'éclat qui en intimidant les violents
eût groupé les indécis autour d'un gouvernemet fort et libre, ce
grand corps maintenant usé et épuisé, dépouillé de tout ressort
et de son vieux prestige, agité par les vents et battu par les tem-
pêtes, devait nécessairement sombrer et disparaître dans l'abîme.
Il fallait se résigner à mourir dans l'intérêt de la patrie et de
la République. Il fallait qu'une autre Assemblée plus jeune et
plus forte reçût avec un nouveau mandat le moyen de mieux
résister à toutes les intrigues réactionnaires « et d'inaugurer en.
France une ère de justice et de paix, d'ordre et de liberté. Mais
les assemblées, comme les individus, ne savent pas mourir, elles
se cramponnent à la vie qu'elles sentent leur échapper pour
toujours. Phénomène bien naturel dans les corps publics, qui
ont trahi leur mandat et forfait à leur devoir. Mais quand, à
l'exemple de la Convention, on a renouvelé |par ses principes
la face du monde et jeté la base des plus magnifiques institutions,
quand on a. sauvé la France et fondé la République, il convient
de mourir comme on a vécu, avec dignité et grandeur.

Voyant l'Assemblée tiraillée en tous sens et inclinée à droite
après avoir trop penché à gauche, Merlin qui redoutait les effets
de cette faiblesse et d'une réaction chaque jour plus menaçante,
propose à la Convention de se dissoudre et de convoquer le peuple au bout d'un mois dans ses comices électoraux. Cet avis si
sage ne fut pas écouté et après le mouvement de germinal qui
décida la défaite du parti populaire et le triomphe de la contre-
révolution, l'Assemblée, au lieu de se séparer, décréta la mise à
l'étude d'une nouvelle constitution. Une telle atteinte portée à
l'œuvre de 93 par ses propres auteurs, un désaveu, une condam-
nation si humiliante qu'ils infligeaient à leur passé, devait froisser
profondément l'âme loyale du vieux patriote. Il ne put consentir
pour sa part à renier l'ouvrage de sa vie entière et plutôt que
de toucher à sa chère République, il s'éloigna de la Convention,
pour n' y jamais revenir.

Mais noble exemple d'un patriotisme invincible, comme il ne
pouvait plus servir la France dans les conseils, il s'efforça de
nouveau sur les champs de bataille d'augmenter sa puissance et

sa grandeur. La conquête de Mayence était le rêve de sa vie, comme si pressentant nos dangers futurs, il avait voulu les prévenir de longue main en enfonçant cette pointe au cœur de l'Allemagne. Hélas! les choses sont bien changées depuis, le glaive s'est retourné contre nous et les projets superbes ont fait place à d'amers regrets. C'est que la République n'était plus et les Merlin avaient cessé de nous défendre !... Pour soumettre Mayence, il fallait traverser le Rhin et opérer la jonction des deux armées de Sambre-et-Meuse et de Rhin-et-Moselle. Grâce à l'activité de Merlin, nos troupes, approvisionnées de tout le matériel nécessaire au passage du fleuve, prirent Rheinfels et Manheim et marchèrent sans difficulté contre la place. Mais la trahison de Pichegru fit tout échouer et Jourdan qui bloquait déjà Mayence par la rive droite, fut obligé de battre en retraite.

Tant et de si cruelles déceptions méritaient bien une compensation, tant de services une récompense. Aux élections du consseil des cinq-cents, Merlin fut nommé par plus de trente départements. En lui décernant ce témoignage extraordinaire de confiance, l'opinion publique semblait vouloir lui accorder dans un seul jour le prix éclatant de toute une vie de dévoûment. Aussi et le sort et les hommes peuvent désormais s'acharner contre lui et le persécuter sans trêve. Il emporte dans son âme cette consolation suprême: la France lui a rendu justice! Une telle vie consacrée par un tel honneur paraissait devoir jouir d'un prestige particulier auprès de la nouvelle assemblée. Pourtant il n'en fut rien. Il fit vainement appel à la conciliation des partis, à leur sagesse et à leur patriotisme, en leur montrant le pays épuisé et affamé d'ordre, après tant de convulsions. Les partis ne voulurent rien entendre et livrés plus que jamais à leurs fureurs aveugles, conspirèrent leur ruine avec celle de la liberté. Consterné par ce fatal égarement et pleurant d'avance la perte de ses plus chères espérances, impuissant et désespéré, il s'éloigna pour toujours de la vie publique, *au moment où le bruit du canon allait étouffer toute autre voix et le triomphe de la force courber tous les courages.* Il passa encore quelques années dans l'administration où il remplit tour-à-tour les fonctions de directeur des postes et celles d'ordonnateur à l'armée d'Italie. Enfin quand l'ambition de Bonaparte eut pris le dessus, il se retira devant le consul à vie et rentra dans l'ombre avec la Révolution, comme il en était sorti. Le vieux conventionnel n'était pas homme à trahir ses convictions, ni à ramper bassement devant le despotisme naissant. Il conserva jusqu'au bout pure et intacte la flamme sacrée de son âme. Sa vie demeura digne et sa conscience fière. Admirable fixité d'opinion et constance bien rare en ce temps là; qui mérite vraiment d'être offerte à l'imitation de la postérité!

Merlin se retira dans une campagne qu'il possédait près de

Chauny, dans ce département de l'Aisne, son pays d'adoption, qui
l'avait autrefois élu à la Convention. Il voulait ainsi acquitter
une dette de cœur. Là ce nouveau Cincinnatus, qui avait fait les
lois et commandé les armées, cultivait lui-même son petit champ
et suppléant du juge de paix, s'appliquait à faire régner entre les
paysans qui l'aimaient, l'union et la concorde. Simplicité touchante,
marque certaine des grands cœurs! Il vivait ainsi depuis plusieurs
années tranquille et heureux, quand de nouveaux orages vinrent
bouleverser son existence. On était en 1814, l'empire s'écroulait
et la France était envahie. Merlin avait prévu tous les dangers
et pour ainsi dire sondé d'avance l'abîme où le despotisme et
l'ambition démesurée de Napoléon, entraîneraient la nation. Mais
la patrie est en péril et à sa voix éplorée, tous les cœurs se confon-
dent, tous les bras s'unissent pour la défendre. Merlin est debout
l'un des premiers, vaillant comme aux plus anciens jours et prêt à
repousser l'agresseur. Il appelle aux armes ses compagnons d'autrefois et veut à leur tête chasser l'ennemi ou mourir. Mais les mots
de patrie et d'honneur ne parlent plus aux cœurs, et ce même
département qui jadis à sa voix avait enfanté des miracles de
civisme, reste maintenant impassible et inerte. Ah! c'est que
l'empire avait brisé tous les ressorts de ce peuple, et éteint dans
les âmes jusqu'au sentiment de la dignité nationale. C'est que
son souffle empesté, en passant sur ce grand corps, l'avait des-
séché et flétri jusque dans sa racine. Cependant Merlin s'étant
jeté dans Péronne avec la petite troupe qu'il commandait, la
préserva des atteintes de l'ennemi. Ce fut là tout le résultat de
ses généreux efforts et la seule compensation à son foyer dévasté,
à sa maison incendiée et à sa fortune détruite. Il eut la douleur
de voir un odieux vainqueur courber la France sous ce régime
exécré du passé qu'il n'avait cessé de combattre et qu'il croyait
définitivement abattu. Toute l'œuvre de la Révolution, tous ces
nobles principes, toutes ces précieuses conquêtes pour lesquelles
il avait tant lutté et souffert, semblaient condamnées et perdues
sans retour. Son existence était brisée, il n'avait plus qu'à
mourir.

Mais il ne devait même pas avoir la satisfaction de finir ses
jours au milieu de ses vieux amis du village, ni de recevoir à
ses derniers moments leurs cordiales étreintes. L'implacable fa-
talité s'acharnait sur sa proie et achevait comme à plaisir sa
victime. Une autorité soupçonneuse le chassa du département et
c'est à peine s'il put dérober sa tête aux fureurs de la réaction.
Après avoir partagé entre ses enfants le bien de leur mère, il
vint à Paris où il vécut dans un faubourg, seul, obscur et ignoré
de ce peuple qu'il avait si noblement servi et au milieu duquel
il voulait mourir. Il expira en 1832, âgé de 78 ans. L'aube de la
liberté renaissante avait du moins fait luire sur ses derniers
jours, un rayon d'espérance et le pressentiment de la Républi-

que future avait adouci l'amertume de sa triste fin. Il lui fut donné d'entrevoir la terre promise et ce fut toute sa consolation.

Telle est, T∴ C∴ F∴, la vie de Merlin de Thionville, ce fidèle servant, ce preux loyal, ce Bayard de la Révolution francaise. Jamais aucune époque ne vit en si peu d'années et sur un si petit espace, pareille éclosion d'hommes extraordinaires, de génies les plus variés et de grands héros. Mais dans cette épopée merveilleuse personne ne porta à un degré plus haut que Merlin, l'amour, le culte sacré, la religion de la patrie et de la liberté. Toutes ses pensées, toutes ses facultés, son âme et son existence entières furent dirigées et concentrées vers un but unique, la grandeur de la France par la République. Animée et soutenue par ce noble esprit, sa vie fut d'un bout à l'autre, à travers toutes les vicissitudes et plus encore dans le malheur qu'au milieu des triomphes, ferme et sereine, et admirablement une. Son âme resta toujours la même, fixe dans les principes et attachée avec une constance immuable à ce magnifique idéal : le droit et la patrie. Merlin fut au plus haut degré un caractère. Aussi la Lorraine peut être justement fière d'avoir produit un tel fils, comme l'Alsace, Kléber. Kléber et Merlin, glorieux frères d'armes, cœurs héroïques qui ne palpitiez que pour la France, est-ce votre terre natale qui pourra jamais cesser de l'aimer, notre chère France? Le sol qui vous a engendrées, ô grandes âmes de la patrie, pourra-t-il jamais renier ce saint nom de la patrie? Non, non, votre souvenir seul proteste contre un tel blasphème et l'iniquité qui nous fut faite et témoigne à jamais de l'indissoluble attachement de l'Alsace-Lorraine à la France.